M A

REPUBLIQUE

MA

REPUBLIQUE

Auteur, PLATON;

Editeur, J. DESALES,

TOME XII.

Ouvrage destiné a être

publié,

L'an M. D. CCC.

CONSTITUTION.

TITRE V.

DES CITOYENS.

ME voici au milieu de vous, hommes de la classe intermédiaire entre le pouvoir et la multitude, hommes paisibles et éclairés, qui faites les révolutions, non avec les armes, mais en dirigeant l'opinion publique : je viens moi-même dénoncer à votre patriotisme ma théorie, sur l'échelle sociale des monarchies.

A

Ne se sont il pas étrangement trompés ces législateurs éphémères, qui ont pris la baguette de Tarquin, pour niveler en France tout ce qui blessait leur petite vanité : qui ont cru que la liberté consistait à ôter à cent mille hommes leurs ancêtres : qui ont imaginé faire fleurir l'arbre vénérable de la politique sociale, en mutilant sa tige et en coupant ses racines ?

Je voudrais bien sçavoir, s'il a jamais existé un état ou tous les citoyens fussent parfaitement égaux : si, dans la famille primordiale, de la quelle sont nés les gouvernements, il n'y a pas eu des différences entre les freres, soit en raison de l'ordre de progéniture, soit en raison du développement varié des forces physiques et de l'intelligence.

Cette égalité philosophique est d'autant plus une chimère, qu'il ne peut y avoir d'ordre social, sans l'institution du pouvoir; et qu'alors la loi met une distinction essentielle entre l'individu qui a l'empire, et celui qui ne peut que raisonner son obéissance.

Dans ce pouvoir même, il y a

A 2

si la raison l'organise, une échelle graduée de supériorité ; car
enfin un législatenr représente
plus le souverain, que l'électeur
obscur qui vient de lui donner
sa voix : un roi est plus citoyen
qu'un maire de village.

Si la raison admet une hiérarchie dans le pouvoir, pourquoi
n'y en aurait il pas une aussi
dans l'obéissance ?

L'ordre social fait bien sans
doute de porter son niveau sur
toute la société, mais ce n'est
pas pour en anéantir les Classes, c'est uniquement pour les

rendres également faibles, en présence de la loi.

Cette égalité de faiblesse, aux yeux du pouvoir légal qui la protège, me semble la clef du problème philosophique, que l'inexpérience des régénérateurs Français me condamne à résoudre.

S'il s'est introduit dans un état qu'on revivifie, une association qui ait un esprit particulier, qui parle plus haut que la loi, et qui menace ainsi d'en arrêter la marche, il n'y a pas à balancer : le législateur doit réduire l'ordre en Classe ; mais il n'a pas

le pouvoir de violer les propriétés des citoyens, pour l'anéantir.

Un Ordre, ayant une force publique, composée de la réunion
des forces individuelles qui s'y
associent, ne sçaurait subsister
légalement dans un empire bien
organisé : car alors l'unité cen-
trale du pouvoir serait rompue :
il y aurait un état dans un état,
et un gouvernement dans un
gouvernement.

Une Classe n'est que la réunion de citoyens égaux, dans une
société naturellement inégale :
çette association, sans esprit pu-

blic et sans pouvoir, n'a rien de dangereux dans un état ; elle n'intervertit point l'ordre général et ne sert qu'a caractériser les échellons de la hiérarchie sociale.

Appliquons ces principes á la Constitution Française , et la lumière va renaître , dans une partie de l'économie politique, sur la quelle les législateurs Français semblent avoir pris plaisir d'entasser les nuages.

Le Clergé s'organisa en Ordre, dès son introduction dans les monarchies de l'Europe : c'était

une suite naturelle du mur de
séparation, que le Christianisme
semblait avoir élevé entre le
ciel et la terre, entre la révé-
lation et l'ordre social, entre la
morale du citoyen et la foy. La
France, revivifiée par les lumières, devait frapper de mort cet
Ordre essentiellement intolérant,
en le réduisant en Classe, mais
elle devait respecter la personne
et les propriétés des individus, qui
cessant deslors d'avoir une force publique, cessaient d'être
perturbateurs.

Et rien n'était plus simple que
de réduire l'Ordre du Clergé en

Classe : il suffisait de lui interdire ses assemblées générales, de faire ressortir toutes les causes qui le divisent, des tribunaux ordinaires, de le confondre, dans le droit à la protection des loix, avec les ministres de tous les cultes, et d'exiger de tous ses membres, qu'avant d'être Pasteurs de l'église, ils fussent citoyens.

L'assemblée constituante a fait évidemment, par sa Constitution civile du clergé, le contraire de ce que l'intérêt de l'état et la philosophie lui prescrivaient. En salariant les ministres d'un seul culte, en conservant la

A 5

publicité de ses cérémonies , en adoptant malgré ses principes une religion nationale , elle a conservé l'ordre qu'il fallait détruire : d'un autre côté , en prescrivant aux Pasteurs Catholiques un serment illégitime , que leur conscience repoussait, en les dépouillant de propriétés , devennes sacrées par douze cents ans de jouissances , en les livrant désarmés à un peuple perturbateur, elle a frappé de mort les individus qu'il fallait conserver.

La même inexpérience politique, et le même délit contre la morale de l'état se sont manifestés dans la proscription de la Noblesse.

Il est indubitable que la Noblesse., avec son esprit de corps , ses privilèges oppresseurs et sa force indépendante du souverain , constituait véritablement un Ordre exclusif, pendant l'anarchie dévorante et absurde de la féodalité : il est indubitable aussi, que cet Ordre devait être aboli dans un état bien organisé , à l'avènement des lumières.

Mais de vrais administrateurs auraient eu l'art de convertir la Noblesse d'Ordre , en Noblesse de Classe ; et cette destruction

A. 6

morale aurait , sans délit contre
les individus, et sans danger pour
la Patrie , ramené l'unité dans le
gouvernement.

L'Ordre de la Noblesse deve-
nait une Classe , dès qu'on abo-
lissait tous les droits usurpateurs ,
dont l'origine allait se perdre
dans la nuit de l'antique féodalité.

Dès qu'elle était confondue ,
dans l'organisation des Grands-
États , avec la roture décorée
des ministres de tous les cultes ,
de la finance propriétaire , et
des corps de magistrature.

Dès qu'on instituait une Noblesse personnelle, qui aurait eu plus de titres à la considération générale, que la Noblesse d'extraction.

Dès que l'homme, qui n'a que des ancêtres, n'aurait pu avoir de droit exclusif à une place, que lui aurait disputé l'homme, qui aurait suppléé à un nom, par du génie, ou de la vertu.

Et la Noblesse comme Classe n'était dangereuse ni au souverain, ni au monarque qui le représente, ni à la multitude.

La Classe de la Noblesse, avec

A 7

des honneurs d'opinion sans pouvoir, illustrait le souverain aux
yeux de l'Europe ; elle rappel-
lait qu'a une époque, ou il n'y
avait nulle part de Patrie, les
héros de la Chevalerie avaient
opéré, avec l'honneur, les grandes
choses, que les héros d'Athènes
et de Rome avaient opéré avec
la vertu.

Le Monarque, en distribuant
des titres et des cordons, don-
nait au trône cette pompe populaire, qui sert à le faire respecter:
il offrait un encouragement à la
valeur guerriere, dont l'or semble avilir les services : il mé-

nageait un trésor public, épuisé par la gloire et les folies de plusieurs règnes, en récompensant, avec une monnaye d'opinion, des hommes magnanimes, qui aiment mieux rester pauvres et décorés, que d'acquérir de l'opulence et de n'être rien.

Enfin le peuple, ne voyait plus dans la Noblesse qu'une Classe, destinée a mettre un prix à son travail et à son industrie, du moment que cette Noblesse n'était distinguée du dernier des Plébeyens que par un nom frivole et des rubans : du moment qu'elle ne pouvait dédaigner l'homme, que ses talents allaient rendre son égal : du moment que la philosophie faisait tomber, autour d'elle, toutes les Bastilles de la féodalité.

Voilà des principes, dans une matière qui, malgré les tables de proscription , les décrets des Clubs, et les anathêmes du philosophisme, qui la déclarent épuisée , occupera encore long-tems la mémoire des hommes.

Au lieu de cette théorie, qui marche d'axiômes en axiômes , et de faits en faits , vous avez adopté , Comte d'Entragues, une dialectique vague , décousue et déclamatoire, dans votre apologie incendiaire de la Noblesse.

Comment est il possible qu'avec un grand talent , de la force dans les idées, et de la chaleur dans le style , vous ayez défendu si malheureusement une belle cause , que vous plaidiez contre des sophistes et des tyrans, en présence de la vérité et du genre-humain ?

Vous vous faites l'apôtre des loix fondamentales de l'état avant le révolution : descendez en vous même, et répondez moi ,

avec cette franchise de l'ancienne Chevalerie, dont vous vous
glorifiez de descendre : est-ce
que nous avions des loix fondamentales avant 1789 ? est-ce
qu'on peut appeller Code national, cet amas absurde et atroce
de règlements et de coutumes,
fondés sur des loix Saliques ou
Ripuaires, sur les Capitulaires
de nos premiers despotes, sur
des ordonnances royales qui se
heurtent, sur des arrêts du Conseil qui se contredisent ? est-ce
qu'il y a un système de liberté
nationale, dans ce cahos d'institutions politiques? est-ce que l'a-
narchie dans les loix, n'appele

le pas l'anarchie dans le gouvernement?

De l'éloge d'une Constitution
qui n'exista jamais, vous passez à
un libelle contre la philosophie,
qui n'existe que trop pour les
fanatiques des deux partis, puisqu'elle éclaire à la fois la vanité
de la naissance qui humilie, et
l'audace du ligueur qui écrase :
mais le fiel de votre satyre n'a
pas plus de poids, auprès des esprits justes, que l'emphase de
vos éloges.

La philosophie a fait seule, tout
ce qui est vraiment digne de mé-

moire dans la révolution Française ; et quand l'esprit de répu-
blicanisme et de discorde , y
jouera un rolle dominateur , elle
viendra la renverser.

La philosophie surtout, Comte
d'Entragues, n'a jamais été l'en-
nemie de la Noblesse ; elle est
trop fiere pour caresser le phan-
tôme brillant des titres , mais elle
est trop juste pour ne les pas croire unis essentielle.ment à la pompe de la monarchie : croyez moi,
elle défendra mieux que vous
ces hochets, dont en secret elle
se joue , mais qui tiennent par
un fil à l'honneur : mais qui

peuvent, dans des hommes à préjugés, être le germe de grandes choses : mais qui sont devenus, par le laps des siècles, la plus chère de vos propriétés : la Noblesse d'extraction n'a en elle rien de philosophique, et cependant elle ne se relevera en France que par les philosophes.

Le livre du Comte d'Entragues, qui, au lieu de raprocher les esprits maladroitement divisés, semble un gage de combat jetté entre les régénérateurs de la France, et sa Noblesse, ce livre dis-je, m'a entraîné un moment hors de mon sujet; et la précision, qui convient á des préliminaires sur les loix , me fait un devoir d'y rentrer.

Parmi les associations politiques les plus perverses . je n'en connais aucune, qui, maniée par des hommes de génie, ne devint entre leurs mains un instrument de concorde et d'harmonie , qui ne produisit des citoyens au lieu de perturbateurs ; il suffit á cet effet de changer les Ordres en Classes.

De toutes les corporations Françaises , la plus dangereuse qui ait existé dans ses Fastes est assurément sa société-mere de Constitution : elle a plus reculé, pendant deux ans, le règne des bons principes et de la saine philosophie, que ne l'ont fait pendant un siécle le Clergé avec son intolérance, et la Noblesse avec sa féodalité ; cependant je soupçonne, qu'en modifiant cette association terrible, d'après ma théorié, on rendrait la majorité de ses membres qu'on égare, à la Patrie et à la liberté.

Qu'on ôte à ce premier des Clubs, son mode d'assemblée, qui l'assimile d'une manière insultante au corps législatif, que ses séances, ouvertes à tout le monde, et garanties par la plus sévère responsabilité, soyent sous la surveillance immédiate de la police : surtout qu'on anéantisse, comme conjuration contre la Patrie, cette affiliation de toute les Sociétés des villes à celle de la Métropole, qui, au premier signal d'un Catilina ou d'un Spartacus, peut mettre sous les armes cent mille perturbateurs : de ce moment l'Ordre est dissous, et il ne reste plus que des individus, qui, également faibles devant les pouvoirs constitués, n'auront d'existence publique, qu'en se pénétrant de l'esprit de la la loi, en éclairant les factieux qui l'inrerprêtent, et en propageant partout son amour et son observance.

On peut réduire à quelques résultats majeurs, ces maximes sur la hyérarchie sociale.

Despote, veux tu dominer seul, comme l'Etna, sur les ruines qu'il fait, frappé à la fois toutes les têtes qui s'élèvent : anéantis et les Ordres et les Classes : que le maître seul soit grand, et que tout ce qui sépare le trône, de la poussière, partage l'égalité parfaite des esclaves.

Tome XII.   B

Sophiste, veux tu, sous prétexte d'exterminer un despote, en faire naître cent mille ? fonde aussi, sur la destruction des Ordres et des Classes, ton système métaphysique d'égalité ; qu'un nègre soit l'égal de Louis seize ; et que tout le monde soit roi, dans un empire mutilé et sanglant, excepté le roi légitime.

Législateur sans génie, veux tu féconder dans un état le germe de ses divisions intestines et de ses catastrophes ? sépare le régime social, par des distinctions bien tranchantes : qu'il n'y ait ni Classes ni individus, mais seulement des Ordres, qui, rivaux éternels l'un de l'autre, iront sans cesse en se détruisant, jusqu'a ce qu'ils ayent entraîné dans leur tombe le monarque et la monarchie.

Disciple de Penn, de Socrate et de Marc-Aurèle, te proposes tu d'organiser un gouvernement de la manière la moins imparfaite, (car la perfection absolue est une chimère du philosophisme ?) institue une force publique, qui ne perde jamais son énergie ; dépose la toute entière dans les mains du monarque, et nuance les Classes de la Société avec tant

A 2

d'art, que tout descende d'une manière insensible, depuis le trône jusqu'aux limites de la mendicité.

DIVISION I.

DU SIMPLE CITOYEN, DU CITOYEN ACTIF, ET DU CITOYEN ÈLIGIBLE AUX PLACES DU CORPS LÈGISLATIF.

Il convient à la dignité d'un peuple, devenu libre par les lumières, de ne point circonscrire le droit de cité, et de le déférer à tout ce qui se sent fait pour en soutenir le caractère.

On comptera donc, au nombre des citoyens, tout homme libre, s'il est né sujet du monarque, et tout étranger qui, désirant de le devenir, a résidé cinq ans dans la monarchie.

La qualité de citoyen se constatera, par l'inscription volontaire au tableau dressé par les administrateurs, et par un acte signé, où l'on contractera l'obligation solemnelle d'obeir aux loix.

Le tableau des noms des citoyens et les actes qu'ils auront signés, resteront en dépôt dans

B 3

toutes les maisons publiques des villes et des chefs-lieux des campagnes : le tableau demeurera exposé pour tout le monde, mais les actes ne seront ouverts qu'aux administrateurs.

La qualité de citoyen est suspendue, par la naturalisation en pays étranger, par des faillites non encore jugées, par des décrets de prise-de-corps, par un jugement de contumace, et par un état évident d'opposition aux pouvoirs.

Elle se perd par les peines qui emportent la dégradation.

soit que le coupable ait échappé à la surveillance des loix, soit qu'il ait subi sa sentence.

Le simple citoyen devient citoyen actif, quand il peut donner son suffrage aux assemblées primaires, servir dans la garde nationale, et présenter, pour le bien de la Patrie, des adresses individuelles aux administrateurs.

Pour devenir citoyen actif, il faut avoir vingt ans accomplis, être domicilié, depuis un an, dans l'arrondissement des assemblées primaires, et payer

B 4

par soi-même ou par son père, dans un lieu quelconque de la monarchie, une contribution directe, égale à la valeur de douze journées de travail.

Affin d'encourager le talent et la vertu, nous statuons, qu'à toutes les époques, où les assemblées primaires s'organiseront, pour former le corps législatif, elles donneront l'activité, à de simples citoyens de leur choix, tirés des classes intermédiaires, qui payent, en contribution directe, depuis trois jusqu'à douze journées de travail : et il en sera nommé un, à raison de cent hommes qui donneront leur suffrage.

L'activité dans le citoyen ne peut s'exercer, dans plus d'un arrondissement d'assemblée primaire.

Le droit du suffrage est personnel, et un citoyen appellé aux assemblées, ne peut se faire représenter.

L'activité se suspend ou se perd, d'après les mêmes principes que le droit de cité.

Les citoyens actifs qui cons-

B 5

tituent les assemblées primaires, tireront de leur sein le corps électoral.

Le nombre des électeurs sera en proportion de celui de la population des arrondissements : il en sera nommé un, à raison de deux cents citoyens appellés au droit de suffrage.

Il suffit d'être citoyen actif reconnu, pour être admis dans le corps des électeurs.

Tout citoyen actif, quelque soit son état et son culte, peut être nommé par les électeurs.

aux places de représentant dans
le corps législatif, pourvu qu'il
réunisse à ce titre, les conditions
qui vont être exposées.

D'abord de n'être affilié à
aucune corporation ou société
quelconque, non instituée par
la loy, qui tienne des assemblées périodiques sur les objets
de l'administration.

Ensuite de n'occuper, ni les
emplois de l'ordre judiciaire,
ni le ministère d'état, ni les
postes supérieurs de la maison
militaire et civile du roy, ni aucune place, où l'on soit révocable

à la volonté du pouvoir exécutif.

Enfin d'offrir dans les rolles
de contribution, la propriété, ou
la jouissance, ou dumoins la
r présentation en loyer, d'unbien
évalué à trois cents journées de
travail.

Pour que le défaut de fortune
ne soit point, à l'homme de
génie qui peut être utile, un
titre perpétuel d'exclusion, tout
citoyen actif, à qui il ne man-
quera que cette qualité pour être
éligible, entrera de plein droit
dans le corps législatif, s'il
réunit

réunit au premier scrutin les deux tiers des suffrages.

Les assemblées primaires, dans une monarchie qui s'organise ne pourront donner aucun mandat à leurs premiers représentants, si ce n'est de dresser une Constitution, qu'elles se réservent de reviser, pour la rendre obligatoire.

Dans les législatures suivantes, les assemblées primaires pourront donner des mandats particuliers, pourvu qu'ils ne portent aucune atteinte à la Constitution décrétée : et ces

mandats deviendront impéra-
tifs, s'ils sont les mêmes dans
soixante Métropoles et dans six
Départements.

Les membres des corps électo-
raux, pourront être réélus, s'ils
ont bien mérités de la Patrie,
jusqu'à dix fois de suite : ceux
des Grands-États, n'en rede-
viendront membres, qu'après
l'intervalle d'une législature.

DIVISION II.

DES MINISTRES DES CULTES.

(Laloy, quia abolitousles Ordres)

ayant admis essentiellement des Classes , incorpore à jamais les ministres des cultes dans celle de la Noblesse.

Le souverain n'adoptant aucune religion nationale , veut qu'il n'y ait aucune distinction ni prééminence parmi les ministres des cultes, et qu'étant tous égaux devant l'Être-Suprême, ils le soyent aussi devant l'Ordre Social.

Seulement à égalité de talents dans la concurrence pour les places , l'ordre politique demande qu'on préfère le ministre

C

sacré, père de famille, au ministre célibataire.

Un costume particulier ser-
vant le point de ralliement,
dans les temps de trouble, et
conduisant à éterniser, dans
les classes de la société, un esprit de corps, qui tôt ou tard
devient perturbateur, la loi
interdit expressément tout vê-
tement religieux, toute déco-
ration qui tient au culte, exé-
cuté dans les temples, où cette
pompe extérieure fait partie du
ministère.

La Constitution protége tous

les cultes qui ne blessent pas la morale ; mais elle ne veut pas qu'aucun d'eux se prévale d'une publicité reconnue, pour se croire lié d'une manière essentielle au gouvernement.

Ainsi chaque religion aura ses heures fixes pour ses cérémonies, sans qu'il soit besoin d'y appeller, d'une manière bruyante et incommode pour le public, les citoyens qui la professent : il ne restera, dans chaque temple, d'autre cloche que celle des horloges.

Ainsi la célébration de toutes

C 3

les fêtes religieuses, sera purement volontaire; et il n'y aura de publiques, que les fêtes nationales, qui seront instituées, en mémoire des grandes époques de la monarchie régénérée, et pour perpétuer le souvenir de ses grands hommes.

Ainsi toute procession religieuse, hors de l'enceinte des temples, est interdite; les marches régulières dans les rues et dans les places, les pompes, les solemnités, sont réservées aux corps militaires ou aux citoyens désarmés, que les pouvoirs constitués rassemblent, pour célébrer les fêtes de la Patrie.

Le gouvernement établira un mode uniforme pour les obsèques des citoyens; et ce n'est que dans l'enceinte des temples, que cette institution civile deviendra un appareil de religion.

DIVISION III.

DE LA NOBLESSE.

La nation admet deux espèces de Noblesse, qui seront confondues dans la composition des Grands-Etats : la Noblesse per-

C 4

sonnelle, et la Noblesse d'extraction.

Aucune de ces deux No-
blesses, n'aura de priviléges de
puissance, parce qu'ils ten-
draient à devenir oppresseurs ;
aucune n'aura de priviléges
pécuniaires, parce que la dispense d'acquitter les charges
de l'état, blesse le civisme et
compromet l'honneur.

La Noblesse d'extraction sera
épurée, pour que ce bien d'o-
pinion reste sans atteinte ; ce
travail délicat sera confié à la
haute chambre des Grands,

États, qui nommera, pour la vérification des titres, un Comité permanent, dont les institutions n'auront force de loy, qu'après la révision de trois législatures.

Ce Comité adoptera les bases suivantes, pour l'épurement de la Noblesse d'origine.

La masse de cette première Classe de la nation, sera composée en général de tous les gentils-hommes, dont les titres remontent jusqu'à l'ancienne Chevalerie.

C 5

Le Comité ne demandera aucune vérification aux gentils-hommes qui prouvent une généalogie directe, jusqu'à des grands seigneurs, dont les titres d'illustration existent dans les archives de l'état, ou dans les monuments de l'histoire : ainsi tout descendant légitime d'un seigneur, qui a possédé une des grandes charges de la couronne, une Pairie, ou un simple duché sera censé gentil-homme.

Il en sera de même de la postérité reconnue de tout homme, qui aura été élevé à des grades supérieurs dans l'état militaires : le rang dans la Noblesse d'origine est dû de droit à tout citoyen issu d'un colonel, d'un brigadier, d'un maréchal de camp, d'un lieutenant général, d'un maréchal des armées et d'un Connétable.

L'admission d'un de ses ancêtres, dans tout ordre de Chevalerie, qui exige des preuves, dispense encore de produire des titres antérieurs à cette époque.

La nation consent d'affilier à cette Noblesse d'origine la postérité des hommes d'état, et des chefs des hautes Cours de Jus-

C 6

dicature ; elle ne demande aus
cn titre de Chevalerie aux ci-
ty is qui o rnort, dans leurs
familles, un Chancelier, un
ministre d'état ou un premier
président de Cours souveraines.

La Noblesse de charges est
supprimée, mais en indemni-
sant les familles, avec la générosité qui convient à une grande
nation qui se régénère.

La Noblesse, achetée à prix
d'argent, est anéantie, comme
contraire à son institution primitive, comme deshonorante,
soit pour l'état qui ennoblit,

soit pour le citoyen qui met un prix vil à son ennoblissement ; et le noble parvenu rentrera dans la classe du peuple, sans pouvoir exiger d'indemnité.

Il sera institué une Noblesse personnelle, qui fera partie des éléments de la regénération.

Cette Noblesse, conférée par le monarque, avec l'agrément du corps législatif, sera le prix des services rendus à l'état, des monuments du génie, et des grands actes de vertu.

La Noblesse personnelle par-

C 2

tagera les titres, les cordons, et toutes les marques distinctives de la Noblesse d'origine.

A mérite égal, la Noblesse personnelle aura droit aux places, avant la Noblesse d'origine.

Aucun poste, aucune honneur d'opinion ne sera refusé au citoyen, qui aura acquis la Noblesse personnelle, ayant déjà la Noblesse d'origine.

DIVISION IV.

DES GRANDS PROPRIÉTAIRES.

La nation admet les grands

propriétaires dans la Chambre haute des Grands-États, mais sans prétendre leur conférer la Noblesse d'origine.

Elle entend sous ce titre, non les hommes de finances, qui ont de grandes propriétés, inutiles à l'état, dans leurs portefeuilles, mais les citoyens opulents, qui payent de grandes redevances au trésor public, en raison de l'étendue de leurs terres, et du rapport des maisons et des charges qui sont leur patrimoine.

Les Grands-États, de concert

avec le roy, fixeront, d'après le rôle des impositions publiques, quelle est la valeur de ces propriétés, qui peut donner entrée dans le corps législatif.

Les grands propriétaires qui seront en même temps gentils-hommes, n'auront droit à la Chambre-haute, que comme membres de la Noblesse.

DIVISION V.

DE LA CLASSE DES COMMUNES.

La nation comprend, sous ce titre, la partie des citoyens ac-

tifs, qui ne tient ni par sa naissance à la Noblesse, ni par ses
possessions aux grands propriétaires, ni par ses places au
pouvoir.

Cette Classe mérite la plus
grande attention du gouvernement, parce que ses propriétés,
quelque circonscrites qu'elles
soyent, lui donnent un intérét à
la chose publique : parce qu'elle
a, en général, assés de lumières
pour ne point se laisser mener par des perturbateurs : parce
que le port d'armes lui étant
permis, elle influe singulière-

ment sur la nature et le succès
des insurrections.

Les Communes ne constitueront point un Ordre particulier
dans la monarchie.

Elles ne seront légalement réunies qu'aux assemblées primaires, pour la nomination des
Grands-États, et l'exercice du
droit de révision.

Elles n'auront de représentants légitimes, que dans la
Chambre-basse, qui fait partie
intégrante du corps législatif.

Ce n'est qu'individuellement

qu'ellles exerceront le droit in-
hérent aux lumiéres , de sur-
veiller les abus du gouvernement

Le port d'armes n'est ac-
cordé à tout membre des Communes isolé, que pour sa dé-
fense personnelle, et quand il
forme des aggrégations pour
protéger la force publique ; dans
le premier cas, il ne prend
conseil que de lui même ; dans
le second, il faut qu'il soit au-
thorisé par le pouvoir.

DIVISION VI.

DES CITOYENS NON ACTIFS DE LA MONARCHIE.

Cette classe, qui n'existe pas dans les états, où il y a des mœurs pures, peu de loix, et des propriétés infiniment subdivisées, se trouvant infiniment nombreuse dans les vieux empires, où triomphe l'inégalité des fortunes, a besoin d'être surveillée de la manière la plus sévère, par le gouvernement.

Tout rassemblement de citoyens non actifs, qui a pour

objet la chose publique, est interdit, comme attentatoire à l'ordre général, à moins qu'il ne soit autorisé par le pouvoir.

Le port d'armes est expressément défendu à tout citoyen non actif : et l'infraction de la loy sera punie comme le délit d'un perturbateur.

Les citoyens non actifs, étant plus faibles que les citoyens des Classes supérieures, doivent être protégés avec la plus grande efficacité par la loy ; et la nation rend responsables de leur sureté tous les pouvoirs.

Il sera dressé, par le corps législatif, un Code populaire, destiné à rendre propriétaire tout citoyen : ce qui est, ramener l'ordre social à ses éléments : et ce Code aura pour base d'encourager l'agriculture, l'industrie et les arts, et de détruire, par les racines, le fléau du vagabondage et de la mendicité.

TITRE VI.

DE LA FORCE PUBLIQUE.

ENFIN, vertueux vieillard du Péloponèse, la voilà terminée cette Constitution de la France, née au sein des orages, qui répare par trois ans de travaux, quatorze siècles d'opprobre, de servitude et de crédulité, et qui ne sera un délit de lèze-gouvernement, que pour l'esclave titré, qui ignore que, quand il s'agit de

donner une Patrie à ses concitoyens, l'insurrection est le plus
saint des devoirs ! —

Eh bien, marquis de la Fayette,
je vais pour la première fois de
ma vie, être adulateur ; je vous
accorde que cette Constitution a
l'ensemble de celle de Lycurgue,
qu'elle repose sur l'amour raisonné des hommes, comme celle
de Solon ; toute sublime que
l'exaltation de ma tête la supposera , elle ne sçaurait encore
rendre heureux le pays qui la
vit naître , parceque les législateurs l'ont jettée sans base au
milieu des tempêtes : parce qu'en
                    l'organisant ,

l'organisant, ils ont oublié le seul frein qui pusse arrêter les infracteurs : parcequ'ils ont eu la petite vanité de vouloir faire un livre, plutôt que d'appuyer un empire chancelant, sur le rocher des loix——

Eh quoi! est ce que l'assemblée nationale n'a pas remis le dépôt sacré de cette Constitution à la vigilance des peres de famille, aux épouses et aux meres, à l'affection des jeunes citoyens, au courage de tous les Français. ——

Je le sçais : mais ce ne sont

pas là des loix : ce n'est que de
l'esprit sur les loix.

Les peres de famille vigilants,
les épouses et les meres qui ont
des mœurs, les citoyens nés a-
vec du courage, ont à peine besoin de votre Constitution : leur
conscience pure et éclairée en ferait une, quand vous n'en auriez point : c'est contre les perturbateurs qu'il faut des loix, et
c'est précisément ce que vos législateurs d'un jour ont oublié.

En un mot, sans une force
publique fortement prononcée,
le meilleur Code n'est que ce tis-

su fragile, qui arrête quelques
insectes, et que déchirent les
vautours ; or vous n'avez point
de force publique, et vous êtes
assaillis de vautours qui planent
autour de la France mutilée,
pour se repaître de ses lambeaux
sanglants et vivre de ses funé-
railles. ——

Philosophe, vous calomniez,
sans le vouloir, la révolution :
est-ce que la force publique ne
nous a pas organisé une Patrie ?
est-ce qu'elle n'a pas dissipé les
sentinelles, qui veillaient autour
d'un trône absolu ? ce n'était
donc pas une grande force publi-

que, que cette réunion sublime
de deux cents mille hommes,
qui, lorsque Paris se vit assiégé
par une armée ministérielle, fit
écrouler le despotisme sous les
ruines des Bastilles ? —

Ami de Wasington, c'est ici
que je vous arrête ; vous me par-
lez d'insurrection, ou de l'ab-
sence des loix, quand je vous
parle de loix ; vous faites d'une
lutte raisonnée contre les pouvoirs une force publique, tandis
que, s'il y avait eu à cette époque
une force publique bien organi-
sée, il n'y aurait eu peut,être

ni résistance au pouvoir, ni abus de pouvoir.

Je suis loin d'affaiblir la mémoire des grandes choses que la France doit à l'insurrection de sa Capitale ; mais je regrette toujours que, faute d'avoir organisé une force publique, en se créant une Patrie, les régénérateurs de l'état n'ayent fait que substituer au despotisme d'un roi, celui de dix millions d'hommes.

Deux cents mille hommes firent très bien sans doute, de rendre la toute puissance au souverain légitime ; mais il fallait

D 3

qu'après cette explosion terrible,
votre assemblée nationale s'oc-
cupât à faire un choix dans ces
deux cents mille hommes, qui
s'offraient pour être les soldats
de la Patrie : il fallait, qu'après
avoir séparé l'or des citoyens,
de la fange des brigands et des
perturbateurs, elle donnât une
existence légale aux héros qui
l'avaient défendue, et qu'elle
changeât en force publique les
hommes, qui, sans l'aveu de la
loi, s'étaient constitués en force
publique.

Croyez vous, marquis de la
Fayette, que s'il n'y avait eu

que des hommes d'élite dans les guerriers qui ont combattu pour la liberté, et si ces hommes d'élite avaient été les agents de la loi, la révolution en serait arrivée moins pure au tribunal de la postérité ?

Peut-être n'auriez vous point été nommé, dans un orage populaire, généralissime d'une armée nationale, mais vous le seriez devenu dans la suite, a force de civisme et de vertu, et le berceau de votre gloire aurait été sans nuage.

Les Bastilles et les prisons d'é-

D 4

tat seraient tombées , mais les
plus beaux jours de l'insurrection n'auraient pas été flétris
par l'assassinat des Launay , des
Berthier et des Flesselles.

Le monarque de la Constitution serait venu , abjurant le machiavélisme d'un ministère préva-
ricateur , se réunir voiontaire-
ment à la grande famille ; et on
n'aurait pas porté l'oubli de tous
les droits , de toutes les décences
et de tous les devoirs , jusqu'à le
traîner en triomphe , comme un
roy vaincu et détrôné , dans , les
murs de sa Capitale.

Imagineriez vous que l'état eut été plus en danger, si une force publique eut prévenu l'incendie des châteaux, les atrocités froides d'Avignon, les massacres des Colonies, et surtout le forfait toujours impuni de la nuit des régicides ? ——

J'ai versé des larmes de sang sur ces horreurs, plus dignes de la Rome de Tibère ou de la Constantinople des Sultans, que de la France des Fénelon et des Montesquieu ; mais vous le dirai-je, philosophe ? quand l'état couché par terre depuis tant de siècles, s'est tout d'un coup remis debout, il n'était pas préparé à la lutte contre un pouvoir oppresseur; s'il n'a eu besoin que de génie et de civisme pour vaincre, il a été contraint quelquefois d'armer des mains impures pour assurer sa victoire. ——

Toute révolution philosophique, où des mains impures ont coopéré, est l'opprobre éternel des lumières : jamais l'homme vil et dépravé, n'est devenu force publique, que pour écraser à la longue tout ce qui ne lui ressemblait pas ; il sert les gouvernements pour les corrompre et les perdre ; il les débarasse d'une ty-

l'annie ; pour lui substituer la
sienne , la plus flétrissante de
toutes, ainsi que la plus atroce.

Sans doute , sage vieillard , elle
a duré trop long-tems cette crise
terrible , où la France, pour se régénérer , a eu la faiblesse d'asso-
cier à la cause de la liberté , les
hommes vils , et les héros : mais
enfin, après trois ans d'erreurs et
de désastres , ses yeux se sont ouverts : elle a organisé dans sa sagesse une force publique , destinée
à la protéger contre les ennemis
du dehors, et a maintenir au dedans l'ordre et l'observance des
loix : cet objet est un des articles

fondamentaux de la Constitution nouvelle : il met désormais la Patrie que nous avons créée, à l'abri de toute atteinte : c'est l'écueil où viendront se briser à la fois les légions des puissances rivales, et les perturbateurs. —

J'ai lu dans votre Code ce chapitre de la force publique, et il m'a effrayé : l'inexpérience des législateurs y perce évidemment au travers de leur amour de l'ordre ; on voit qu'ils ont laborieusement combiné des institutions conservatrices, pour donner en dernier résultat une loi en faveur de l'anarchie.

L'organisation

L'organisation d'une garde nationale pour la police intérieure des villes était une idée admirable ; mais vos législateurs l'ont gatée par le vague et la petitesse des vues accessoires dont ils l'ont circonvenue.

Ils ont voulu que tout citoyen actif fut inscrit sur le rôle de cette garde; et en n'exigeant pour constater cette activité , que le payement d'une contribution directe , égale à la valeur de trois journées de travail , ils en ont ouvert l'entrée a une foule d'hommes; presque sans existence civile et sans propriétés, qui ôteront

TOME XII. E

tout le nerf de la force publique, en la dirigeant, qui s'uniront aux perturbateurs, au lieu de les frapper, et règneront par les discordes mêmes qu'ils étaient chargés d'anéantir.

Ces gardes nationales sont les soldats par excellence de la nation, et votre assemblée constituante a décidé, QU'ELLES NE FORMERAIENT PAS UN CORPS MILITAIRE, elles sont le rempart de la Patrie contre les atteintes du despotisme, et vos régénérateurs ont statué, qu'elles ne seraient pas même regardées comme UNE INSTITUTION DANS L'ÉTAT; il est difficile

le d'accumuler , en quelques lignes, plus d'idées contradictoires,
d'offrir plus de motifs de décou-
ragement, à l'élite de vos citoyens,
qui seuls avaient fait la révolution , et qui seuls pouvaient la
conserver.

Vous avez ôté au Monarque la
direction suprême de cette force
publique , et par là vous avez jetté un germe de discorde entre
vos citoyens armés , et la gendarmerie nationale , ou les troupes
de ligne , destinées à partager
leur service ; vos législateurs , en
rompant ainsi l'unité du pouvoir
exécutif , n'ont fait qu'avilir le

E 2

prince , dont ils osaient mal a-
droitement se défier , sans rien
ajouter à la dignité des hommes
libres qu'ils tiraient de sa dépendance.

En ôtant au Roi la garde nationale , vous l'avez livrée toute
entière à l'inexperience militaire,
aux irrésolutions raisonnées , ou
même au despotisme tumultueux
des municipalités ; mais observez
que tout homme que la loi fait
soldat , prend l'esprit guerrier
avec son uniforme : quelque civisme qua votre Constitution lui
prête, á la vue de son épée , il
rougira de recevoir des ordres

du magistrat qui n'en porte point; et jamais, dans les champs de l'honneur, une écharpe municipale ne remplacera à ses yeux le cordon de Villars, l'épaulette de Catinat, ou le panache d'Henri quatre.

Si de la partie de la force publique, destinée a prémunir l'état contre les perturbateurs, je descens à celle qui lui sert de rempart contre les ennemis du dehors, c'est-à-dire à la composition des troupes de ligne et des armées navales, je vois la même incertitude, la même incohéren-

E 5

ce d'idées politiques dans les
législateurs.

LE ROI , dit la Constitution ,
EST LE CHEF SUPRÊME DES ARMÉES ;
et en même tems , le droit de diminuer les régimens , de les augmenter , de les licencier même ,
est déféré au corps législatif.

Le Monarque a le commande-
ment des forces de terre et de mer;
et il ne peut nommer que la
moitié des lieutenants généraux ,
le tiers des colonels , et le sixième des lieutenants de vaisseaux.

S'il s'agit de faire des campagnes, il faut, pour que le soldat serve légalement, que des formes lentes et civiles le mettent en activité : il faut que raisonnant sa soumission, il se place sans cesse entre l'ennemi qu'il a à combattre et le trône qu'il a à défendre.

Jamais votre assemblée nationale ne se lavera, auprès des siècles, du délit d'avoir laissé introduire, parmi des hommes qui doivent être passifs devant la loi militaire, le paradoxe de l'égalité : d'avoir protégé par des décrets, ou par un silence non moins coupable, l'insubordination des

E 4

troupes, et l'oubli de toute discipline.

Déjà quelques têtes d'officiers généraux coupées par leurs propres soldats, et promenées sur des lances, ont éveillé l'indignation des vrais citoyens, étouffée un moment par les périodes philosophiques des législateurs ; tremblez qu'avant que votre crise cesse, une guerre étrangère ne vienne à s'alumer; c'est alors que la Patrie sera vraiment en danger, parceque les soldats de la liberté, qui auraient été des géants avec de la discipline, ne seront plus que des pygmées, en

présence des automates en uniforme, que le génie sçaura faire
mouvoir.

Si alors quelque grand désas-
tre vient entourer d'un crêpe fu-
nèbre le berçeau de votre liberté,
n'en accusés que le vice radical
de votre force publique , son
peu d'énergie dans l'intérieur de
l'état , et sa désorganisation dans
vos armées ; et si vous avez le
courage de remonter plus haut ,
vous reconnaîtrez les premiers
coupables dans vos régénérateurs,
qui simples sujets , ont eu la faiblesse d'armer le peuple contre
le trône , et qui devenus rois ,

E 5

n'ont pas fait servir leur toute-
puissance à le désarmer !——

Philosophe, vous ne me per-
suadez pas, mais vous m'effrayez.
Si j'ai moi même trop caressé ce
peuple, pour qui j'ai tout sacri-
fié, et qui aujourd'hui mutile
mes statues et proscrit ma tête,
il est dans mon caractère d'ou-
blier son ingratitude, et de le
servir encore. Mais cette France,
dont la liberté est la première
des jouissances dont je m'honore,
si jamais l'influence infernale des
Clubs faisait taire sa force publique ; si la première des nations,
usant les restes de sa vigueur à se

déchirer elle même, ne sçavait ni plier au dedans devant la loi, ni soutenir au dehors l'antique renommée de ses armes....—

Homme généreux, j'ai blessé votre ame sensible, et c'est à moi à y faire renaître un espoir consolateur. Rome déchirée intérieurement par ses Tribuns, défaite loin de ses murs par Annibal, Rome, dis-je, est encore plus puissante que ses vainqueurs. J'ai étudié votre garde nationale, et, malgré les vices de son organisation, comme elle tend sans cesse á s'épurer, comme elle protège les statues des bienfaiteurs

E 6

de l'état, comme elle semble dé-
clarer une guerre immortelle aux
piques, au Tribunat et á toutes
les factions populaires, elle deviendra une force publique pour
vous ; je suis loin encore de dé-
sesperer de vos armées ; je connais la générosité Française ; le
soldat en présence de l'ennemi
fera taire ses défiances, oubliera
ses haines, et s'il massacre ses
chefs au sein de la paix, il mour-
ra pour eux, quand ils lui mon-
treront dans les champs de l'honneur, la Patrie et la victoire.

La direction de la force publique, forme une des parties essentielles du pouvoir exécutif.

Elle est déférée au monarque, pour protéger, dans l'intérieur de l'état le maintien de l'ordre, et l'observance des loix, et pour conserver, contre les ennemis du dehors, l'honneur de la nation et sa souveraineté.

DIVISION I.

DE LA FORCE INTÉRIEURE.

Un corps de troupes soldées et un corps de volontaires non

E 2

soldés constitueront la force
intérieure de la monarchie.

Les volontaires, ou les citoyens appellés à la garde de
leurs propriétés, prendront le
titre de gardes nationales :
les soldats appellés à protéger
l'ordre public contre les vaga-
bonds suspects, les brigands et
les perturbateurs, auront le
titre de gendarmerie.

L'un et l'autre de ces corps,
feront partie de l'état militaire,
auront un uniforme particulier,
et seront soumis aux loix de
a discipline.

La garde nationale nommera ses chefs, et le roy ceux de la gendarmerie.

Les deux corps ne prendront d'ordre que de leurs commandants : excepté dans le cas de la loi martiale, où il faudra le concours des magistrats civils ou des administrateurs.

Les commandants des deux troupes, seront responsables des délits contre l'ordre public, qu'ils auront ordonnés, et de ceux qu'ils n'auront pas prévenus ; et c'est un Conseil de guerre, auquel le roy adjoindra un tiers d'officiers tiré des troupes de ligne, qui les jugera.

Le roi sera censé généralissime de la garde nationale et de la gendarmerie.

Le roi, de concert avec les deux Chambres des Grands-États, organisera ces deux corps: fixera les limites qui les sépare des troupes de ligne, réglera le nombre et la distinction des grades, et dressera le code de discipline.

DIVISION II.

DE LA DICTATURE.

Dans les temps d'insurrection, où il n'y a ni énergie dans les loix, ni harmonie entre les pouvoirs, pour sauver à l'état déchiré le malheur de périr par l'anarchie, on empruntera à Rome République, son institution terrible de la Dictature.

Les citoyens de la capitale, convoqués au nom du roi par le Conseil d'état, et réunis en assemblée primaire, nommeront par eux-mêmes, et sans recourir

au corps électoral, dix des plus
hommes de bien de la monarchie.
Cette assemblée ne pourra prolonger ses séances au delà de
trois jours.

Le lendemain de l'élection,
les Grands-Etats, où, s'il n'y
en a point à cette époque, le
Conseil d'état, réuni au comité
permanent de législature et au
tribunal de l'insurrection, ré-
duiront à la moitié, le nombre
des dix citoyens choisis par les
assemblées primaires; et cette
réduction sera faite, dans la
séance même où l'on aura dé-
libéré.

L'acte de cette dernière élection sera porté à l'instant au monarque, qui assemblera son Conseil, et choisira sur les cinq sujets présentés, celui qu'il doit investir de la dignité de Dictateur.

Les quatre autres citoyens composeront le Conseil Martial de ce premier magistrat.

Affin de déjouer les intrigues et les manœuvres des ennemis de l'ordre, le Conseil d'état préparera, dans le plus grand secret, la convocation des assemblées primaires : et le sixième jour après cette convocation, le Dictateur et son Conseil Martial entreront en exercice.

Pendant toute la durée de la nouvelle magistrature, les tribunaux ordinaires seront suspendus dans la capitale, le palais des Grands-États sera fermé et, à l'exception de la royauté, il n'y aura de pouvoir visible aux yeux du peuple, que celui de la Dictature.

Toutes les troupes du Département, seront provisoirement sous la dépendance du Dictateur, celui-ci, tous les jours ira prendre l'ordre du roi, comme n'ayant jamais cessé d'être le premier mobile de la force publique, et il le donnera aux commandants des troupes de ligne, de la garde nationale et de la gendarmerie.

Les corps militaires marcheront à la réquisition du Dictateur : en cas de désobéissance formelle, le délit sera jugé et puni sur l'heure même : les officiers seront cassés et dégradés, et les soldats punis de mort.

Le Dictateur ne se montrera en public qu'avec l'appareil le plus fait pour en imposer à des perturbateurs : il marchera, entouré d'une compagnie de grenadiers , précédé d'un corps de cavalerie , et suivi de quelques pièces de canon, et de lcteurs masqués , qui porteront les instruments du supplice.

— Tout prédicateur de meurtre, tout brigand, tout assassin arrêté en flagrant délit , sera jugé à l'instant et subira sa sentence.

Le Dictateur aura le pouvoir de faire arrêter tout citoyen évidemment suspect, de quelque rang qu'il soit, et quelque poste qu'il occupe : mais il ne lui sera pas permis de le juger : si c'est un membre des Grands-Etats , son procès lui sera fait par les deux Chambres réunies, quand elles rentreront en exercice : tout autre accusé sera livré au tribunal de l'insurrection.

Il n'y aura point d'appel des sentences du Dictateur.

Le Dictateur ne sera pas responsable : seulement il sera tenu, en abdiquant, de remettre deux états motivés de sa gestion, au monarque et au corps législatif.

Cette gestion, qui n'est que

temporaire, et pour suppléer à la faiblesse des pouvoirs, ne sera point soumise à la révision du souverain.

La Dictature cessera avec le calme rendu à la capitale, et sa durée la plus longue n'excédera jamais quinze jours.

Le Dictateur, le jour où il abdiquera, recevra du roy, dans la salle des Grands-Etats, une couronne civique, et de ce moment ira se confondre dans la foule des citoyens.

S'il s'élève dans les Métropoles des

des troubles violents, que les administrateurs ne puissent appaiser, le monarque pourra réintégrer dans sa dignité le dernier Dictateur et l'envoyer avec l'appareil de la toute-puissance, pour rendre à ces villes en insurrection, la paix qu'il a rendue à la capitale.

DIVISION III.

DE LA LOI MARTIALE.

Dans les troubles ordinaires des villes, où l'intervention du Dictateur n'est pas évidemment nécessaire, l'administration

TOME XII. F

préviendra, par la loi martiale, le règne de l'anarchie.

La loi martiale n'aura lieu, que dans le cas d'attroupements armés et illégitimes, qui rendront la force publique inutile, et qui n'auront pu être dissipés par le pouvoir.

Le concours du commandant en chef de la garde nationale, et de la majorité des administrateurs, suffit pour légitimer la proclamation de la loi martiale.

Elle sera annoncée, dans le

lieu du délit, par un trompette, qui, après la lecture de la formule comminatoire, déployera un drapeau rouge ; elle le sera en même temps, dans le reste de la ville, par trois coups de canon, qui seront tirés de tous les postes où il y a des dépôts d'artillerie.

A ce signal, la moitié de la garde nationale, des troupes de ligne et de la gendarmerie, alors de service, se rendra à l'hôtel de ville, pour marcher de là contre les perturbateurs.

Si la multitude veut entrer en

négociation, on conduira ses députés à l'hôtel de ville, pour y obtenir justice de la part des administrateurs : dans l'intervalle, les gens de guerre feront retirer paisiblement tout le monde ; et il y aura amnistie générale, excepté pour les chefs du rassemblement.

Si la multitude menace les instruments de la loi martiale, le commandant fera tirer trois coups de canon sans balles, à divers intervalles, pour annoncer à tous les bons citoyens qu'ils ayent à se retirer sur le champ, et après le troisième coup, si la désobéissance à la loy continue, les gens de guerre feront feu sur les perturbateurs.

Dans le cas ou les rebelles se porteraient à des violences, avant que toutes les mesures de la prudence eussent été épuisées, le commandant sera en droit de ne pas attendre le dernier coup de canon, pour déployer la force des armes.

Quelle que soit l'issue de l'attroupement illégitime, il n'y a point d'amnistie pour les hommes qui l'auront provoquée, et leur procès leur sera fait sui-

vant toute la rigueur des loix
par le tribunal de l'insurrection.

DIVISION IV.

DES FORCES DE TERRE ET DE MER.

Les forces de terre et de mer
sont destinées, non à envahir
des possessions étrangères, mais
à défendre les siennes contre
les ennemis du dehors, dans une
guerre, que la nation aura jugée
legitime.

Le roy est le mobile suprême
de cette force publique : ainsi
il est Amiral en chef de toute

les flottes, et Généralissime de toutes les armées.

Il renouvellera seul les capitulations faites avec les puissances, pour les troupes auxiliaires : mais celles-cy ne pourront servir, dans l'intérieur de la monarchie, et contre les citoyens perturbateurs, que de l'agrément du corps législatif.

Il sera fait, par un Comité d'officiers généraux, nommés par le monarque, un travail sur l'organisation de la marine royale, et des armées, qui n'aura force de loi, qu'après la sanc-

F 4

tion des Grands-Etats et la révision du souverain.

Ce travail embrassera toute
la théorie militaire sur la nature du service, sur le mode
d'avancement, sur la solde de
chaque grade, sur les loix pé-
nales et sur les récompenses, dans
le corps de la marine, dans les
troupes de ligne, dans le Génie
et dans l'Artillerie.

Ce Code, quoyque destiné à
des soldats citoyens, aura d'autres bases que celui qui serait
dressé pour des citoyens, qui ne
seraient pas soldats.

Les législateurs partiront de l'idée primitive, que la guerre étant pour l'homme un état contre nature, doit avoir d'autres éléments que l'organisation sociale, dont la nature a dicté le plan aux philosophes.

Ils se pénètreront du principe : que toute réunion d'hommes, qui n'a de force que quand elle agit en masse, doit, quand l'ordre public l'exige, céder au mouvement qu'on lui imprime, sans se permettre de raison..r, son obéissance.

Ils sçauront, que si le citoyen

désarmé est esclave de la loi ;
le citoyen armé contracte le
double esclavage de la loi et de
la discipline.

D'après ces bases, ils se gar-
deront de pervertir l'organisation militaire par des formes
républicaines, d'introduire des
orateurs populaires dans un
camp, et des motions incen-
diaires sur un vaisseau.

Un service passif, quand il
n'outrage pas la morale naturelle, sera à leurs yeux le
triomphe du civisme ; et ils ap-
prendront aux soldats à vaincre

pour la Patrie, en pliant leurs têtes indociles sous le joug de la discipline Romaine, ressuscitée de nos jours par le Grand Frédéric.

C'est pour ne point contredire ces principes élémentaires, que le Comité d'organisation conservera aux gens de guerre l'usage du serment, que la raison bannit de la législation civile de la monarchie.

Le serment, pour les officiers, sera d'être fidelles au souverain et à ses représentants, de maintenir la Constitution dans son intégrité, et de ne jamais porter les armes contre des citoyens, à moins que les pouvoirs légitimes ne les ayent déclarés perturbateurs.

Le serment, pour les soldats, sera d'être fidelles au souverain et à ses représentants, de ne point abandonner leurs drapeaux, et de ne jamais enfreindre les loix de la discipline.

TITRE

TITRE VII.

DU POUVOIR JUDICIAIRE.

Je ne puis me rappeller sans attendrissement ces tems fortunés, où un Roi, assis au pied d'un arbre, rendait la justice à ses peuples ; cette touchante simplicité de mœurs parle bien plus à mon ame, que l'appareil des Cours souveraines ne parle aux yeux de la multitude. Je me dis : la paix et la prospérité sont au pied de cet arbre ; d'un arbre dont les racines servent de trône à un Roi ; et qui couvre tous les plaideurs d'un état, de son ombrage.

Je vois avec charme le Code criminel d'une nation neuve, a-voir les mêmes éléments que son Code civil : c'est toujours le pere du peuple qui juge, d'après son cœur, les délits de la grande fa-mille ; qui répare les torts où ven-ge les offenses, parmi des hom-mes égaux, par la justice naïve et grossière du Talion ; qui crai-gnant d'aggraver la peine par le supplice de l'attente, confronte

sans intervalle l'accusé et l'accusateur, prononce la sentence,
et la fait exécuter.

Simplicité dans la discussion
des causes, égalité de balance
dans l'examen, célérité dans le
jugement : voilà dans un état,
fondé sur les mœurs, de quoi
rendre inutiles et le Code des
procès et le Code des crimes.

Si je franchis l'intervalle im-
mense qui sépare le peuple noble et fier de la nature, d'une
nation sans caractère, qu'un long
despotisme a dégradé, je trouve
que les causes les plus contradic-

G 2

toires ont amené les mêmes résultats.

Le Talion est la loi-mere de
Constantinople, de la Perse et du
Japon, comme il était celle des
Patriarches de la Bible, et des
héros d'Hésiode. Dans ces monarchies absolues de l'Orient, l'homme qui obéit voit ses propriétés,
son honneur, sa vie même, entre
les mains de celui qui comman-
de, et l'y voit d'ordinaire sans
danger ; la promptitude des jugements est telle, que, dans les
grandes infractions de l'ordre
public, le jour du délit est souvent celui du supplice.

Ces rapports d'effets, entre des états qui ont d'ailleurs entre eux si peu de points de contact, viennent, de part et d'autre, de l'égalité de faiblesse de tous les individus devant la loi. Chez le peuple qui a les mœurs de la nature, c'est l'égalité de l'abandon de ses forces individuelles devant le magistrat qui les protège toutes : chez le peuple qui a perdu le sentiment de sa dignité, c'est l'égalité de la terreur, qui naît de l'habitude de l'esclavage.

Entre l'état qui n'a que des mœurs, et celui dont la volonté d'un homme constitue la loi, so trouvent les empires anciennement civilisés , qui s'organisent ou se régénèrent d'après le Pacte Social : il faut, à de pareilles Puissances un Code civil, et un Code des peines ; et il les faut d'autant plus compliqués , que l'échelle sociale a plus de branches , que les fortunes sont plus inégales , que les besoins d'un luxe dépravateur ont fait naître plus de bien d'opinion , et plus de fausses jouissances.

Dans de tels états, les institutions judiciaires sont nulles, si on n'a pas la patience de les lier avec le climat des habitants ,

avec les cultes hétérogènes qu'on
leur a fait adopter, avec leurs
mœurs indigènes ou acquises,
même avec le système de gouvernement qu'on abandonne :
il en est de ces institutions, comme de la Liane du nouveau monde, qui tient par ses racines ou par
ses branches, à une forêt entière.

Il peut se faire qu'une vieille
monarchie, ayant été, un grand
nombre de siècles, sans se créer
une Constitution, ait adopté pour
son ordre public, avec quelques
loix sages de l'antiquité, les coutumes sauvages de toutes les Hor-
des barbares qui l'entouraient ;

G 4

malheur alors aux régénérateurs présomptueux qui se flatteraient de donner, d'un coup de baguette, de l'ensemble et des proportions à cette Liane informe de loix ! malheur encore plus à ceux qui, pour faire disparaître les incohérences de la Liane, mettraient le feu à la forêt de la monarchie.

L'ordre judiciaire, dans nos gouvernemens modernes, où il y y a tant de rapports, est une machine si compliquée, quand on veut la refaire à neuf, que les travaux réunis de plusieurs générations suffiraient à peine pour la faire marcher.

Dans une position aussi difficile , l'homme de génie qui veut
le bien , ne renverse l'antique
édifice des loix civiles et criminelles , qu'a mesure qu'il le re-
construit , affin que l'homme
vertueux qui cherche un azile ,
ait autre chose que des décom-
bres, pour reposer sa tête.

Appellé au poste délicat et pé-
nible de régénérateur , le philosophe commencera par séparer ,
du Code barbare et sauvage , tout
ce qui blesse évidemment la morale de l'état et le Pacte Social ;
et il en laissera subsister le reste
provisoirement , malgré son dé-

faut d'ensemble , jusqu'a ce que tout le bâtiment politique ait été repris en sous-œuvre, d'après les travaux mûrement combinés, de plusieurs législatures.

En même tems , il posera les bases des nouvelles institutions civiles et criminelles ; et ces bases, il les prendra dans Sparte , dans Athènes, dans Rome, à Londres, à Philadelphie , et partout où le génie a raisonné la liberté de l'homme , en lui ôtant toute espèce de joug , excepté celui des loix.

Ces points d'appuy ont déja

été indiqués plusieurs fois : tels
sont, en particulier, l'établissement des jurés, l'institution des
juges de paix, et le tribunal domestique, qui conserve l'honneur et la paix dans le sein des
familles.

Et quand, après avoir soumis
chaque partie de l'économie judiciaire à l'expérience d'une législature, la nation reconnaîtra
que la somme des biens qui en
résulte, l'emporte infiniment sur
les abus que l'immoralité du siècle peut y introduire, alors elle
réunira tous ces rameaux divisés,
dressera le Code complet, et le

G 6

réunira au grand ouvrage de sa Constitution.

————

Le pouvoir judiciaire sera la chaîne politique, qui liera toutes les parties du gouvernement : destiné à protéger la masse entière de la nation, il sera exercé par des citoyens, de la nomination des assemblées primaires, sous la surveillance spéciale du monarque, et d'après le Code tracé par le corps législatif.

La justice se rendra gratui-

tement, et il ne sera permis à aucun pouvoir d'en avilir les charges par la vénalité.

Les assemblées primaires présenteront trois sujets au ministre de la justice, qui en choisira un, au nom du roi, et lui délivrera sans frais les lettres patentes destinées à le faire reconnaitre.

Des deux sujets restants, l'un rentrera dans la classe des citoyens, l'autre sera nommé par le ministre, suppléant du juge élu, en cas de mort, d'abdication ou de forfaiture.

G 7.

Les places, dans les corps de judicature, seront sur la même tête, pendant dix ans révolus, et pourront être prorogées cinq autres années; on laissera ensuite un intervalle de cinq ans, pour la réélection des mêmes membres, s'ils ont bien mérité de leurs concitoyens.

Quand les magistrats de la première création auront accompli leur période décennaire, les citoyens actifs s'assembleront, pour renouveller la moitié de tous les corps de judicature; et de cette époque, ils ne mettront plus qu'un intervalle de

cinq années , entre les périodes
de renouvellement.

Les juges ne sont point révo-
cables : aucun pouvoir n'a droit
de les suspendre , que sur une
accusation admise. Aucun pouvoir ne peut les destituer, que sur
un jugement , qui les déclare at-
teints et convaincus de forfaiture.

Le pouvoir judiciaire est séparé, par des limites invariables,
du pouvoir d'administration et
du pouvoir législatif.

Pour ramener les mœurs , et

diminuer par là le nombre des attentats contre les loix, le gouvernement protégera deux institutions, dont il est difficile d'abuser : l'établissement des juges de paix et le tribunal de famille.

Un Code particulier réglera, jusqu'où s'étendra le pouvoir domestique d'un père ou de son représentant, quand ils sont les interprètes de leur famille.

Il décidera quelles espèces de délits ce tribunal peut soustraire à la vengeance des loix: et s'il ne serait pas infiniment sage, pour augmenter la surveillance domestique, de ne tolérer une exemption aussi délicate, que lorsque le délit est encore sans publicité.

Ce même Code statuera sur la nature, et sur la durée des peines, qui peuvent être infligées par le tribunal de famille.

Un autre Code réglera les fonctions, la puissance et le nombre des juges de paix : surtout il les entourera de toute la considération publique : considération qui fera la force du tribunal, ainsi que sa récompense.

Les tribunaux judiciaires n'admettront aucune cause au civil, à moins qu'un acte n'ait constaté, qu'on a demandé des médiateurs aux juges de paix, ou qu'on a subi un premier jugement au tribunal de famille.

Il sera dressé, par le corps législatif, un Code Pénal, dicté par la raison philosophique, mais approprié aux mœurs de la monarchie.

Ce Code portera primitivement sur la solution du grand problème : s'il importe à la société générale, qu'un individu qui l'offense soit puni de mort.

Si l'ouvrage est bien fait, la loi sera claire, de sorte que tout homme qui la viole pourra se juger : elle sera froide, c'est-à-dire, que toutes les passions, qui désorganisent les états qu'on régénere, n'auront sur elle aucune influence : elle sera douce, en ce qu'elle supposera le règne des mœurs : elle sera égale, parce qu'elle atteindra tout, depuis les marches du trône jusqu'à la mendicité.

Nul homme ne pourra être arrêté, que pour être conduit devant le magistrat, qui prononceça, dans les vingt-quatre heures, s'il doit être envoyé dans la maison d'arrest, ou rendu à la liberté.

Une caution, telle qu'elle séra déterminée par la loi, suffira au citoyen domicilié, pour éviter d'être conduit dans la maison d'arrest, excepté dans les cas, où la sureté publique oblige de s'assurer de la personne d'un perturbateur;

Tout prisonnier pourra voir sa famille, son conseil et ses amis, à moins qu'il n'y ait une ordonnance du juge, pour le tenir au secret.

Les causes criminelles seront poursuivies par deux accusateurs publics, l'un nommé par le monarque, et l'autre choisi par le peuple : le premier dénoncera les délits des citoyens ordinaires, et l'autre les crimes du pouvoir

Outre le magistrat qui fera, au nom du prince, les fonctions d'accusateur public, le roi aura dans chaque tribunal, un commissaire à sa nomination, qui veillera sur la régularité des formes, et empêchera que les magistrats n'empiètent sur les droits du pouvoir exécutif.

L'institution Anglaise des jurés sera adoptée, pour servir de préliminaires et de base à l'instruction criminelle.

C'est au juré que le commissaire du roi dénoncera les délits contre la sureté publique, les oppositions à force ouverte à l'exécution des actes des pouvoirs constitués, et les atteintes données à la liberté individuelle des citoyens.

Excepté dans les cas d'insurrection, et lorsque la chose publique est évidemment en danger, aucun citoyen ne pourra être traduit devant les tribunaux criminels, avant que dix jurés au moins ayent prononcé, si la dénonciation est légitime.

L'accusé aura le droit de récuser deux jurés sur dix, et un juge criminel sur un pareil nombre de magistrats, sans être tenu d'en donner les motifs.

L'instruction particulière du procès, la lecture des pièces ; la discussion entre les juges continueront d'être secrettes : mais l'audience sera ouverte à tout le monde, pour la dénonciation de l'accusateur public, les plaidoyers en faveur de l'accusé, la confrontation des témoins, les conclusions du rapporteur, et la lecture de la sentence.

Il y aura, dans chacun des neuf Départements, un tribunal de Cassation, qui prononcera sur les renvois d'une Cour de judicature à une autre, sur les défauts de forme des jugements rendus en dernier ressort, sur les prises à partie contre une compagnie entière de magistrats; et si la requête est admise, la

première

première sentence sera cassée, et on renverra le fond du procès à une autre Cour de juges. Le tribunal de Cassation de chaque Département, aura, dans son ressort, les dix Métropoles de son arrondissement.

———————

TITRE VIII.

DES FINANCES DE L'ÉTAT

ET DES

CONTRIBUTIONS PUBLIQUES.

JE fus consulté en 1787, sur l'administration des finances de la monarchie Française, par un ministre d'état honnête homme, et qui, comme on devait s'y attendre, dans une Cour perverse, ne le fut qu'un moment. Ma ré-

ponse fut un long mémoire ,
qu'un nouvel ordre de chose a
rendu inutile, et qui ne subsiste
déja plus , si ce n'est parce
fragment.

« .... il est donc bien évi-
« dent, puisque tous les bilans
« de la nation en faillite , don-
« nés par les Controlleurs Géné-
« raux , depuis le commence-
« ment de ce siècle , se contre-
« disent , que les finances de
« l'état sont pour un administra-
« teur homme de bien , un la-
« byrinthe inextricable ; que le
« ministre a été trompé par ses
« bureaux , ceux-ci par les In-

H 2

« tendants, les Intendants par
« cette foule d'hommes vils qui
« s'engraissent de la sueur du
« peuple, qui s'abreuvent de
« ses larmes, qui vivraient de
« son sang, si à la dépravation
« de nos mœurs se joignait l'a-
« trocité.

« Vous voulez, parceque vous
« avez l'ame de Sully, porter le
« jour et la réforme, dans les
« finances de Louis XVI, com-
« me ce grand homme l'avait
« fait pour celles d'Henri IV;
« mais tout ce qui vous entoure
« est étranger à vos vues bien-
« faisantes : vous rencontrerez, à

« chaque pas, les ténèbres pal-
« pables des Playes de l'Égypte :
« et parvenu au cahos de l'ad-
« ministration financière , il ne
« vous sufira pas de dire , avec
« le dieu de Moyse : je veux que
« la lumière soit , pour que la
« lumière paraisse.

« Vous voulés asseoir, sur de
« nouvelles bases , les contribu-
« tionspubliques, etrien n'est plus
« sage sans doute : car le mode
« de la perception en est op-
« presseur ; les peuples sont pres-
« surés, sans que l'état s'enrichis-
« se : l'or arraché à l'indigence
« de tant de millions d'hommes,

H 3

« et qui devait combler l'abîme
« de la dette nationale , égaré
« loin de ses canaux , ne sert
« qu'a alimenter le faste des
« vautours de la finance , l'or-
« gueil des ministres prévarica-
« teurs , et l'opprobre des fa-
« vorites.

« Mais ce mode philosophi-
« que , pour la perception des
« impots , ne se rencontrera ja-
« mais , tant que le gouverne-
« ment n'aura pas un Cadastre
« de la plus grande vérité : tant
« qu'il ne fera pas , de la contri-
« bution territoriale , la seule
« juste peut-être , la base des

« revenus publics : tant qu'il ne
« trouvera pas un moyen rigou-
« reux , sans être oppresseur ,
« d'atteindre les richesses obs-
« cures des porte-feuilles de la
« Capitale.

« Ce grand ouvrage suppose
« des travaux immenses, qu'un
« ministre ne semblerait devoir
« commencer , que s'il avait la
« certitude d'être immortel :
« eh ! qui peut se flatter de
« l'être, dans une Cour versatile
« comme la votre , où le moin-
« dre souffle du plus impur des
« favoris renverse les colosses :
« où le Sybarite la Vrilliere ne

« reste un demi siècle en place ,
« que parceque sa nullité ne fait
« ombrage à personne , et où
« Turgot le Romain , ne montre
« le chemin de la gloire à l'eunu-
« que Maurepas , que pour être
« renvoyé !

« Le vrai moyen d'alléger à
« jamais le fardeau intolérable
« des contributions publiques ,
« serait d'anéantir la dette natio-
« nale : et aucun grand moyen ,
« en ce genre , n'est permis a un
« ministre honnête - homme : il
« est obligé de ramper autour
« de l'abyme , pour jetter sur
« son ouverture quelques frêles

« branchages, qui en dérobent la
« profondeur, aux regards : et il
« serait perdu, si à force de gé-
« nie et de courage, il tentait de
« le fermer.

« Parmi ces petits moyens, il
« en est un qui s'est souvent of-
« fert à ma pensée ; vingt fois je
« l'ai rejetté, et vingt fois il est
« revenu obséder ma mémoire.
« Je ne le proposerais point à
« un peuple à grand caractère,
« qui partirait des mœurs, pour
« arriver à des loix ; mais dans
« une vieille monarchie, qui
« ne demande que des palliatifs,
« pour prolonger sa longue ago-

« nie , c'est une ressource qui
« n'est peut-être point à dédai-
« gner ; d'ailleurs j'aime cette
« petite découverte, parce qu'elle
« a la simplicité de l'œuf de Co-
« lomb, et que, comme lui, elle
« peut mener à organiser un
« nouveau monde.

« Je suppose que l'état ait à
« éteindre deux cents millions
« de rente perpétuelle, ou une
« masse de dettes oppressives,
« dont le capital soit de quatre
« milliards.

« Voici comment s'y prendrait
« un administrateur, qui, succé-

« dant au grand Visiriat de l'ab-
« bé Terray , sans prendre son
« génie perturbateur , voudrait
« à la fois servir la Patrie , et res-
« pecter toutes les propriétés des
« citoyens.

« Il instituerait , sous le nom
« de billets d'état , un papier
« monnaye ; qui ne coûterait
« rien à la France , et ne ferait
« rien perdre à ses créanciers :
« et qui , en s'éteignant de lui
« même , dans l'espace de huit
« ans au plus , sauverait à l'état
« la perspective des désastres ,
« qu'entraîna le Système, sous la
« Régence ; et qu'entraînera tou-

« jours toute monnaye fictive,
« à qui on aura la maladdresse
« de donner la durée de la mon-
« naye réelle, de ce numéraire,
« qu'un papier éternel ne peut
« remplacer, sans le faire dispa-
« raître.

« Il faut, pour me faire enten-
« dre, que j'entre dans quelques
« détails techniques sur la com-
« position et la valeur de ces
« billets d'état : et quand j'aurai
« été un moment simple histo-
« rien, je reviendrai avec la phi-
« losophie du patriote, pour en
« analyser tous les avantages.

« Figurés-vous

« Figurez vous un papier
« coupé en Parallélogramme, de
« la largeur de nos lettres de
« Change ordinaires, mais ayant
« plus de hauteur : je le divise
« par des lignes diversement co-
« lorées, en cent quarrés parfai-
« tement égaux, désignés par un
« chiffre différent, tracé à la par-
« tie supérieure, et susceptibles
« chacun de recevoir un nom é-
« crit à la main : je n'en excepte
« que les cinq de la partie su-
« périeure, destinés pour le ti-
« tre du billet, pour le médail-
« lon du roi et pour des orne-
« ments divers, gravés par les

« meilleurs artistes de la Capi-
« tale.

« Ce Parallélograme ainsi con-
« figuré , s'appellera un billet
« d'état,' et vaudra vingt cinq
« livres.

« Si chacune des cent cases du
« billet , avait une valeur égale,
« elle représenterait cinq sols,
« puisque cette somme multi-
« pliée cent fois, donne vingt
« cinq livres.

« Il y a cinq cases perdues par
« les ornements : mais les vingt
« cinq sols qu'elles désignent,

« représentent la retenue ordi-
« naire de cinq pour cent, que
« fait le trésor public sur les ren-
« tes perpétuelles; ainsi l'état,
« en remettant á ses créanciers
« un billet, qui n'aurait de valeur
« réelle que vingt trois livres
« quinze sols, serait toujours en
« droit de le lui donner pour
« vingt cinq livres.

« Mais une considération par-
« ticulière que je vais dévelop-
« per, conduira à augmenter
« encore le gain, que l'état fera
« sur ses billets, sans qu'il en ré-
« sulte une perte aussi grande

« pour le citoyen qui serait
« remboursé.

« Il est de l'essence de mes
« billets d'état, de perdre à cha-
« que mutation , de manière
« qu'a la dernière ils se trou-
« vent naturellement anéantis.

« A cet effet , chaque muta-
« tion sera désignée sur le pa-
« pier-monnaye , par la signature
« de l'individu qui le passe à
« son créancier , et il y aura au-
« tant de mutations qu'il y aura
« de cases vuides dans la lettre
« de Change.

« Or si on admettait quatre
« vingt quinze mutations, qui
« perdraient également cinq sols,
« la proportion naturelle cesse-
« rait, entre la valeur du billet,
« et la perte qu'il doit essuyer :
« par exemple, l'individu qui
« reçoit de l'état un billet, dont
« la valeur réelle est de vingt
« trois livres quinze sols, ne fe-
« rait pas perdre assés à son
« créancier, en ne lui retenant
« que cinq sols ; et cette même
« retenue de cinq sols serait
« exorbitante aux dernieres mu-
« tations, ou le billet n'aurait
« presque plus de valeur intrin-

I 8

« séque. Il faut donc adopter
« un mode de perte graduée, qui
« rétablisse l'équilibre entre la
« valeur du papier et la retenue.

« Cet équilibre se trouve dans
« la proportion suivante , que
« ma théorie m'a conduit à ad-
« mettre.

« Je partage les quatre vingt
« quinze cases en dix séries , cha-
« cune composée de dix quarrés,
« excepté la première qui n'en a
« que cinq , puisqu'elle est an-
« nexée aux ornemens de la let-
« tre de Change.

« Les cinq quarrés de la pre-
« mière série perdront dix sols à
« chaque mutation; en total pour
« les cinq .... 2 liv 10 sol.

« Les dix de la série suivante,
« c'est-à-dire du chiffre 11 au
« chiffre 21, perdront 9 sols, en
« total .... 4. .10. . .
« De 21 à 31, il y aura 8 sols
« de perte ..... 4........
« De 31 à 41 . 7— 3 ..10...
« De 41 à 51 .6—3......
« De 51 à 61 . 5— 2.. 10...
« De 61 à 71 . 4—2....
« De 71 à 81 . 3—1.. 10...
« De 81 à 91 . 2—1......
« De 91 jusqu'a 100 inclusi-

« vement. . . 1 sol. total 10 sols.

« La réunion de toutes ces som-
« mes , par l'accord le plus heu-
« reux, fait juste vingt cinq li-
« vres.

« Alors l'état , en retenant de
« droit vingt cinq sols , sur cha-
« que billet qu'il donne en paye-
« ment, et en lui donnant malgré
« la retenue , la valeur de vingt
« cinq livres , fait un gain réel
« de cinq pour cent qui lui ser-
« vira aux frais de la confection
« du papier monnaye , à l'inté-
« rêt partiel qu'il payera pen-
« dant sept années, et aux pri-

« més d'encouragement qu'il of-
« frira, pour accélérer l'extinc-
« tion des lettres de Change.

« Et ce gain de cinq pour
« cent n'est point à dédaigner,
« puisqu'il présente dans l'amor-
« tissement des quatre milliards,
« un capital de deux cents
« millions.

« Mais il n'est pas juste que
« le citoyen qu'on rembourse,
« reçoive ses vingt cinq livres dans
« toute leur intégrité. L'état, en
« remettant le billet gardera pour
« lui les deux premières cases, ce
« ce qui ne fait que vingt sols,

I 5

« et donne un gain au créancier,
« sur la retenue ordinaire de
« cinq pour cent : alors la lettre
« de Change, ensortant du trésor
« royal, ne vaudra plus que
« vingt quatre livres.

« Il sera gravé sur les cases 1
« et 2 , ces mots, RETENUE DE L'É-
« TAT : alors il n'en restera que
« trois à remplir dans la pre-
« mière série , et quatre vingt
« treize mutations suffiront pour
« anéantir la lettre de Change.
« Maintenant que le gain é-
« norme du trésor public est ex-
« posé , voyons si le citoyen est
« en droit de se plaindre de la

« diminution graduée de son
« papier-monnaye, à chaque mu-
« tation qu'il éprouve.

« La plus forte perte qu'il es-
« suyera sera dix sols dans les
« trois cases de la première série:
« mais alors le billet vaudra en-
« tre vingt deux livres dix sols
« et vingt quatre livres ; ce qui
« n'est, dans la position la moins
« favorable , que le quarante-
« cinquième de la valeur totale ,
« et doit à peine être compté ,
« dans les spéculations de finance.

« La perte allant ensuite en-
« diminuant par dégrés , jusqu'a

I 6

« ce qu'elle ne soit que d'un sol,
« ne sçaurait allarmer même
« l'égoïste, pour qui l'or est
« tout, et la Patrie n'est rien.

« Je désirerais, pour ne laisser
« sur cette diminution graduée
« aucun nuage, que la perte
« qu'on éprouvera à chaque mu-
« tation fut désignée, à chaque
« case, vis a vis le chiffre qui in-
« dique l'ordre de la série.

« Il est évident que, quand le
« billet aura subi quatre vingt
« treize mutations, il aura per-
« du vingt cinq livres, et qu'ain-
« si il se trouvera anéanti.

« Cependant il importe que
« l'état s'assure de la rentrée de
« ses billets, afin de les brûler pu-
« bliquement, et d'inspirer par là
« de la confiance dans ses opé-
« rations financières : il lui im-
« porte aussi que cette rentrée
« se fasse promptement, pour
« avoir moins d'intérêts à payer.
« A cet effet, je voudrais accé-
« lérer la circulation, par des
« primes d'encouragement.

« Ainsi je statuerais que le
« trésor public, la première
« année de l'émission des billets,
« donnerait dix sols, pour chacun
« de ceux qu'on lui présenterait

« acquittés par les quatre vingt
« treize signatures ; que la se-
« conde année, il n'en donnerait
« plus que cinq, et que la troi-
« sième, il regarderait le papier
« monnaye comme anéanti.

« Ces mesures seraient d'au-
« tant plus sages, qu'elles pré-
« viendraient les accaparements,
« et couperaient jusqu'a la racine
« de l'agiotage.

« Les quatre milliards de det-
« tes à éteindre , supposent une
« émission de cent soixante mil-
« lions de billets à vingt cinq
« livres,

« Ici se présente une considé-
« ration majeure en politique.
« Faire circuler à la fois cette
« masse énorme de papier-mon-
« naye, c'est s'exposer à l'avilir :
« c'est établir une concurrence
« avec le numéraire, qui forcera
« ce dernier à disparaître : c'est
« élever tout d'un coup les den-
« rées à un prix, qui nuit à l'é-
« tat même, en appauvrissant
« les consommateurs.

« D'après ces vues, je parta-
« gerais l'émission en quatre,
« en mettant toujours deux an-
« nées d'intervalle : ce qui ré-
« duirait chacune à 40 millions

« de billets de vingt-cinq livres.

« Alors l'opération demande-
« rait six ans révolus, pour être
« terminée, et ce ne serait qu'à
« la fin de la huitième, que l'é-
« tat serait délivré du fardeau
« effrayant d'une dette de qua-
« tre milliards.

« Maintenant examinons un
« moment le méchanisme de ces
« billets d'états, et voyons s'ils
« sont de nature à remplir tou-
« tes les vues du législateur.

« J'ai fait pressentir que la
« circulation des billets, pour
« l'extinction de la dette natio-

« nale, devait être forcée : mais
« le billet étant de vingt cinq li-
« vres, cette charge tombera
« peu sur le peuple, qui ne sub-
« siste que par un numéraire de
« petite valeur : d'ailleurs il ne
« sera forcé, que quand le paye-
« ment à faire, atteindra préci-
« sément à la valeur réelle du
« billet, telle qu'elle se trouve-
« ra énoncée par le vuide des
« cases.

« Un des vices inhérents au
« papier monnaye, est le dan-
« ger de la contrefaçon ; on la
« rendra sinon impossible, du
« moins plus difficile, par la pu-

« reté du dessin du médaillon et
« des ornements accessoires , et
« surtout par le fini de la gra-
« vure : on peut aussi mettre cet-
« te partie de l'entreprise , au
« concours des artistes, et n'a-
« dopter que le type, qui sera le
« plus fait pour tromper l'attente
« des contrefacteurs.

« Un autre préservatif est lo
« concours des signatures : car
« quand on recevra un billet
« d'état d'un inconnu , il sera
« aisé de remonter à la source.
« Ces signatures ont de plus
« un avantage inappréciable ;
« c'est qu'elles mettent jusqu'a

« un certain point ce papier-
« monnaye à l'abri des événe-
« ments , en rendant le larcin
« inutile.

« Un vol d'un autre genre ,
« dont la nature de ce papier
« peut donner l'idée , du moins
« à des ames viles , c'est de pas-
« ser le billet sans signature , et
« parconséquent sans faire la re-
« tenue de la loi ; mais ce genre
« de délit est très aisé à décou-
« vrir : on le préviendra , en le
« punissant par une amende de
« la valeur du billet , et par l'af-
« fiche de la sentence.

« Votre sagacité ordinaire
« peut faire naître d'autres ob-
« jections : mais plein de mon
« sujet , comme je le suis , je
« satisferai à toutes ; et puisque
« la pusillanimité du gouverne-
« ment ne vous permet pas de
« tenter des opérations majeu-
« res , telles que la réunion de
« la moitié des biens du clergé
« à l'état , dèsqu'ils seront va-
« cants par la mort des titulai-
« res , je vous conseille , après
« un mûr examen , de faire dis-
« cuter mon plan au Conseil du
« roi ; le petit moyen que je
« propose sera assés ennobli ,
« s'il a un succès heureux , s'il

« sauve à un empire qui n'est
« grand que par la considéra-
« tion dont il jouit en Europe,
« l'opprobre d'une banqueroute.

---

*La monarchie menaçant de s'af-
faisser sous le fardeau toujours
croissant de la dette publique, le
corps législatif, avant de s'occuper des détails de l'administration intérieure, mettra le plus
grand ordre dans les finances ;
il tentera de réparer les fautes
des administrateurs de l'ancien
régime ; il posera des bases invariables, qui préviendront les*

dilapidations du trésor national, dans le nouvel ordre de choses ; il réglera les impositions publiques, de manière qu'il y ait toujours un équilibre parfait entre la recette et la dépense.

Le premier travail des législateurs, roulera sur l'extinction de la dette nationale.

On concertera avec le clergé, un plan, pour faire rentrer dans les domaines de l'état, la partie de leurs biens nécessaire à l'acquittement de la dette publique : et ce plan n'aura rien d'oppresseur : la nation, dont ici la générosité constitue la justice suprême, malgré les nuages répandus sur la pureté des fondations religieuses, laissera jouir les titulaires de leurs bénéfices, dans toute leur intégrité.

Si ce partage des biens du clergé ne suffit pas pour anéantir la dette nationale, il sera créé, sous le nom de billets d'état, des titres de créance négociables, uniquement destinés aux remboursements des capitaux, de rente perpétuelle, et qui, en s'éteignant d'eux-mêmes, par une perte légère à chaque mutation, n'entraîneront aucun des abus du papier-monnaie, la honte et le fléau des monarchies.

Il sera dressé un Cadastre général de tous les biens du royaume, d'après les recensements faits par les Métropoles, et la vérification des Départements.

C'est d'après ce Cadastre, que le tableau des impositions sera tracé en dernier ressort par le corps législatif.

En attendant que ce Cadastre, sans lequel tout Code d'impositions

sitions n'aurait point de base, soit dressé, toutes les contributions payées dans l'ancien régime le seront encore, sous le nouvel ordre de choses : mais un terme sera fixé par les législateurs, au delà duquel les impots, que les représentants du souverain n'auront pas réglés, ne seront pas obligatoires, pour la masse des citoyens.

Il n'y aura d'exception que pour un impôt essentiellement oppresseur, pour la gabelle : cet impôt cessera de lui-même, au bout de trois mois, époque ou

TOME XII.   K

les législateurs auront pu trouver un mode de remplacement.

Le Code de contributions sera fondé sur le principe, que tout bien, de quelque nature qu'il soit, qui assure au propriétaire un produit ou une jouissance, doit une redevance à l'état qui le protège : il n'y aura d'exception, que pour le monarque, dont la iste Livile Csera payée sans retenue, et dont les chateaux ne seront soumis à aucune redevance.

Il sera statué à la tête de ce Code, que les représentants du souverain ont seuls le droit de fixer la nature, la valeur et la duréedescontributions publiques; et que les décrets de ce genre, n'obligent les citoyens qu'après l'acte de revision.

Tout administrateur est responsable du maniement des deniers publics, les administrateurs des Métropoles rendront un compte détaillé de leur gestion aux administrateurs des Départemens; et ceux ci, ainsi que les ministres et les membres de la trésorerie nationale, donneront l'état de leur recette au corps législatif.

TITRE IX.

DE LA MORALE

APPLIQUÉE

A LA POLITIQUE ET A LA

RELIGION.

La nation convaincue qu'il est des principes dans l'ordre de la législation, qui, sans être susceptibles d'une démonstration rigoureuse, peuvent, par leur oubli, influer sur la destinée de plusieurs millions d'hommes, invité ses représentants à résoudre quelquefois les problêmes, sur lesquels l'opinion publique se partage, en appliquant la morale à la politique ou à la religion.

Une des branches les plus importantes de cette théorie pour les régénérateurs, regarde le mode même de la régénération.

Le partisan de la force assure que le fer est le seul arbitre des empires, que l'ordre social ne s'appuye que sur les ruines dont on l'entoure, et quel'homme libre,

K 3

pour n'avoir plus d'ennemis,
doit les exterminer.

C'est alors que la morale, antérieure aux sophismes de la force, doit faire entendre sa voix : la morale qui repousse toute idée de conquête : qui ne reconnaît point d'ennemis dans les hommes, mais seulement dans l'erreur qui les égare ; et qui forcée de combattre cette erreur, ne le fait qu'avec les armes de l'opinion et avec les lumières.

D'ailleurs la politique de la raison, la seule, dont un siècle philosophique s'honore, fait en

tendre aux représentants d'un
grand peuple, qu'il n'y a pas
de génie à faire briller le fer,
pour protéger des loix dont on
pressent la nullité ; mais qu'il
y en aurait à faire des loix si
amies de l'homme, qu'elles ren-
draient le fer inutile.

De cette morale transportée à la
politique, il résulte qu'il ne faut
point appliquer les règles d'une
justice sévère, aux délits qui
naissent des erreurs d'une révolution ; parce qu'alors les têtes
sont bien bien plus coupables
que le cœur : parce que le nom
sacré de Patrie retentit avec

K 4

une franchise égale dans la bouche qui la loue, comme dans celle qui l'outrage : parce que d'ordinaire il n'y a de crime pour le vulgaire, qu'après la défaite, et de vertu qu'après la victoire.

Il serait donc utile, quand on est condamné à voir des ennemis dans ses concitoyens, de pressentir le besoin futur qu'on aura de leur clémence, en les traitant, dans le triomphe, avec générosité.

Les guerres civiles nées d'une insurrection, ne se pardonnent aux vainqueurs, que quand on les fait précéder et suivre d'une amnistie, qui ramène dans leurs foyers des hommes plus faibles que dangérenx, qui ne fuyaient pas la Patrie, mais les motions féroces de ses Tribuns, les loix de sang de ses comités, ses brigands menés en triomphe, et ses bourreaux.

C'est surtout dans ces moments d'orages, que la nation, attend de la sagesse de ses représentants, qu'ils n'aigriront pas les esprits qu'ils sont appellés à concilier, en empruntant au despotisme ses tribunaux des recherches et ses comités de sur-

K 5

veillance, en avilissent, par des formes inquisitoriales, la représentation auguste des législateurs.

Et si, par un concours de circonstances fatales, l'état régénéré se déchire encore, on ne portera pas une nouvelle atteinte à la morale, en traitant ses concitoyens fugitifs, avec une barbarie, qu'une victoire sanglante pourrait à peine légitimer; on ne dépouillera pas l'infortuné qu'on a rendu coupable, avant de le vaincre et de l'assassiner.

La morale appliquée à la politique, semble encore repousser tous les serments, avec lesquels on enchaîne des hommes, qu'on n'a pas l'art de rendre heureux : comme si des serments exigés par la terreur, n'appellaient pas le parjure ! comme si la Patrie devait faire l'injure à ses enfants, de s'assurer de leur obéissance, en paraissant se défier de leur probité !

La morale appliquée à la religion, démontre surtout l'inutile machiavélisme des serments, exigés des ministres des autels, quand on place ces victimes d'une révolution entre le besoin de vivre et leur conscience : quand par un raffinement de cruauté , on les rend parjures , ou au dieu dont ils ont embrassé le culte , ou à la Patrie qui ne veut les nourrir, que quand ils sont déshonorés.

Cette morale religieuse entraîne une autorisation illimitée pour tout citoyen , de dresser, comme il lui plait ; les articles du contrat tacite qui le lie avec l'ordonnateur des mondes : soit que ce contrat émane de la raison éclairée des sages , soit qu'il émane d'une sensibilité aveugle qui sert de raison à la multitude.

Cette

Cette théorie tend aussi à délivrer les états de la cangrène du fanatisme, en substituant aux symboles de foy, le symbole du citoyen : en réduisant le ministre des autels à n'être plus qu'un magistrat de morale : en épurant à la longue tous les cultes, même ceux qu'une Théocratie absurde a rendus perturbateurs.

C'est enfin d'après la morale, appliquée à la fois à la politique et à la religion, que le corps législatif statuera sur les objets suivants, qui n'ont pu être classés dans le cours de cette Constitution.

TOME XII. E

Instruits qu'il faut créer des hommes pour les loix, avant de créer des loix pour les hommes, les représentants de l'empire, chargeront leur premier comité de leur dresser un plan d'éducation publique, gratuite pour tous les citoyens, qui seme dans de jeunes cœurs des germes de civisme, et qui développe en même temps leurs facultés physiques et leur intelligence.

Et quand ce Code d'instruction aura le suffrage des Grands-Etats, et la sanction de l'opinion publique, ils en feront dériver des institutions d'un ordre majeur, telles que l'adoption, si importante, quand on veut régénérer des races abatardies, la nécessité du mariage pour tout homme qui veut jouir du privilège de citoyen, et peut être le divorce, si on avait l'art de l'épurer, en commençant par donner des mœurs à la monarchie.

Ce travail sur la morale sera terminé par l'établissement d'un mode de récompenses civiques, pour les hommes qui ont bien mérité de la Patrie, et par la création d'une caisse de secours publics, pour élever les enfants

L 2

nés d'unions illégitimes, qui deviendront alors les enfants de l'état : pour soulager l'infirmité et la vieillesse , et pour fournir du travail à l'indigence honnête, qu'on soustrait ainsi au vagabondage et à la mendicité.

FIN DE L'OUVRAGE.

TABLE

DES CHAPITRES

TOME I.

TOME II.

L 3

TOME V.

TOME VI.

TOME VII.

L 4

TOME VIII.

TOME IX.

TOME X.

L 5

TOME XI.

SECONDE PARTIE DE LA

L 6

I. 7.

TABLE

HISTORIQUE

POUR LES QUATRE PRINCIPAUX
PERSONNAGES DE LA RÉPUBLIQUE.

PLATON
OU
LE PHILOSOPHE.

ÉPONINE.

M 3

LE CHEVALIER
DE VILLENEUVE:

Z I M A :

F I N

DE LA TABLE HISTORIQUE.
ET DE L'OUVRAGE.

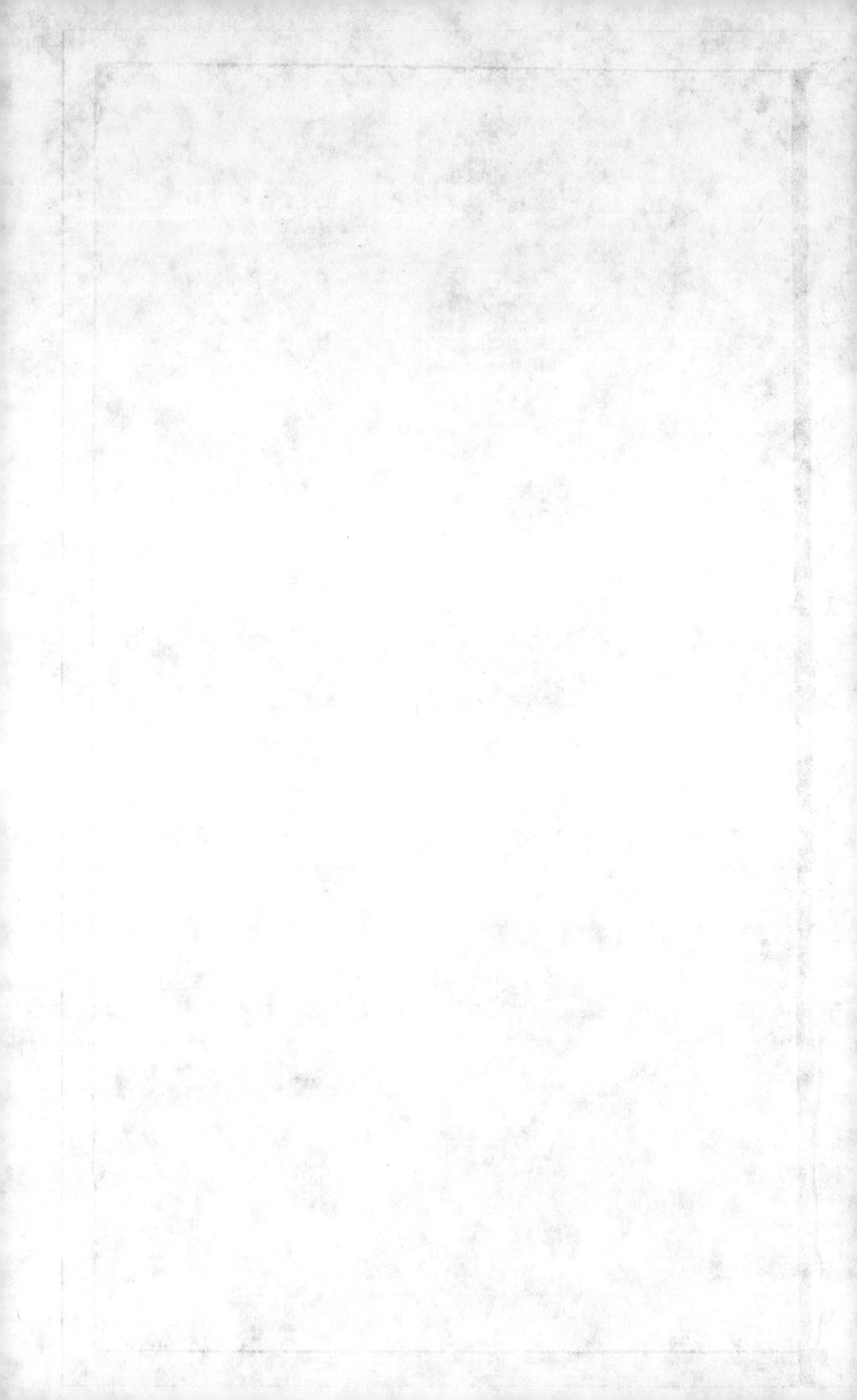

www.ingramcontent.com/pod-product-compliance
Lightning Source LLC
Chambersburg PA
CBHW062224270326
41930CB00009B/1855